쓰면 외워지는

일본어

여행회화

필기노트

쓰면 외워지는
일본어 필기노트 여행회화

지은이 황미진
펴낸이 임상진
펴낸곳 (주)넥서스

초판 1쇄 발행 2015년 11월 25일
초판 4쇄 발행 2019년 7월 25일

출판신고 1992년 4월 3일 제311-2002-2호
주소 10880 경기도 파주시 지목로 5
전화 (02)330-5500 팩스 (02)330-5555

ISBN 979-11-5752-571-3 13730

이 도서의 국립중앙도서관 출판예정도서목록(CIP)은
서지정보유통지원시스템 홈페이지(http://seoji.nl.go.kr)와
국가자료공동목록시스템(http://www.nl.go.kr/kolisnet)에서 이용하실 수 있습니다.
(CIP제어번호 : CIP2015031527)

www.nexusbook.com

쓰면 외워지는

일본어

여행회화

필기노트

황미진 지음

세 번 쓰면
자동암기!!

'듣고→쓰고→말하기'의 3단계 회화 훈련!
일본어 필수 표현 300문장 통암기!

넥서스JAPANESE

직접 말을 해 봐야 외국어 회화 실력이 는다는 것은 너무나 자명한 사실입니다. 하지만 눈으로 보고 입으로 따라 말하기를 반복하더라도, 공부한 문장이 잘 생각나지 않는 경우가 많습니다. 현실에서는 외국인과 직접 말해 볼 수 있는 기회가 흔치 않으니 금세 잊어버리게 되는 것이죠.

"어떻게 하면 공부한 문장을 오래 기억할 수 있을까?"
이 책은 이런 현실적인 고민에서 출발했습니다.

고민의 답은 아이들이 처음 문자를 배우는 모습을 보면서 찾을 수 있었습니다. 아이들이 처음 '한글'을 배울 때 'ㄱ'이란 글자를 눈으로 보고, '기역'이라고 입으로 소리 내어 말을 하죠? 그리고 거기서 그치지 않고 노트에 연필로 'ㄱ'을 씁니다. 언어를 제대로 익힐 때는 이렇게 '쓰기' 과정을 거치게 됩니다. 언어를 제 것으로 만들려면 눈으로 읽고 입으로 말하는 것뿐만 아니라 '손으로 쓰는' 과정이 필요한 것이죠.

손으로 쓰면서 공부하면 입으로만 외는 것보다 훨씬 기억에 오래 남습니다. 손을 사용했을 때 우리의 뇌는 입력된 정보를 더 오래 기억하기 때문이죠. 익히고자 하는 문장을 손으로 쓰고 소리 내어 말해 보면 그 문장이 머릿속에 각인되어 온전히 내 것이 됩니다. 특히 문장을 통암기할 때 '쓰면서 외우는' 학습법은 더 효과적일 수 있습니다.

'쓰기'가 분명 암기에 도움이 되지만, 무작정 여러 번 쓴다고 해서 그 문장을 외울 수 있는 것은 아닙니다. '듣기', '쓰기', '말하기'의 세 박자가 맞아야 합니다. 꼭 책에서 제시하는 3단계 학습법을 따라 해 주세요. 그냥 쓰기만 해서는 '손 고생'밖에 안 된답니다. 간단하고 쉬워 보여도 어떻게 하느냐에 따라 그 결과는 달라질 것입니다. 제대로 학습한다면 15일 후에는 일본어 회화 300문장을 통암기할 수 있게 됩니다.

이 책은 눈으로 보기만 하는 책이 아니라 여러분이 직접 쓰면서 만들어가는 책입니다.
세상에서 하나뿐인 나만의 학습 노트를 만들어 보세요.
がんばってください!

MP3 100% 활용법

듣기 귀찮으니 그냥 책만 보신다고요? Oh, no!!!
외국어 학습에서 음원 듣기는 필수(!)입니다. 책만 보고 무작정 쓰는 노가다는 이제 그만!
이 책은 '일단 듣기'와 '회화 연습' 두 가지 버전의 MP3 파일을 제공합니다.

일단 듣기

우리말 해석과 일본어 문장이 녹음되어 있습니다.
말 그대로 일단 먼저 들어 보세요. 책을 보지 않고 듣기만 해도 공부가 됩니다.

✓ check point!

☐ 원어민 발음을 확인한다.
☐ '이런 말을 일본어로는 이렇게 하는구나' 이해한다.
☐ 들릴 때까지 반복해서 듣는다.

회화 연습

우리말 해석을 듣고 각자 일본어로 말해 보세요.
2초 후에 나오는 원어민 음성을 들으면서 일본어 표현을 확인합니다.

✓ check point!

☐ 제대로 외웠는지 확인한다.
☐ 원어민 발음에 가깝게 말하도록 반복 훈련한다.
☐ 우리말 해석을 듣고 바로 일본어 표현이 생각나지 않는다면 다시 복습한다.

MP3 무료로 다운받기

1 www.nexusbook.com에서
도서명으로 검색하여 다운받으세요.

2 스마트폰에서 바로 듣기!
스마트폰으로 책 속의 **QR코드**를
찍어 보세요.

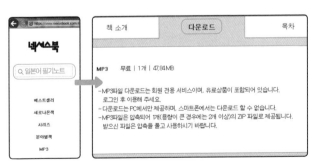

이 책을 미리 본
도서 체험단의 학습후기

- -

 일본 여행을 자주 가는데 여행 전에 일본어 공부를 해 본 건 이번이 처음인 것 같아요. 집에 여행 일본어 책이 있어도 잘 안 봤는데 이 책은 중요한 표현들만 암기하기 쉽게 되어 있어 좋았어요. ★ 이미현(주부)

쓰면 외워진다는 게 한번 해볼 만하다는 생각이 들어요. 쓰면서 들을 수 있는 MP3도 있어요. 글자 크기가 커서 한자 읽는 법도 잘 보여서 좋네요.
★ 허진수(회사원)

 왼쪽에는 일본어 표현, 오른쪽엔 쓰기노트 – 이렇게 심플하게 구성되어 있어요. 불필요한 설명 없이 딱 필요한 요소만 있어서 내용이 머리에 더 잘 들어오는 것 같아요. ★ 권지윤(웹디자이너)

엄청 간단해 보이는데 300문장이나 들어 있다니 반전이었어요. 여행 가서 요긴하게 써먹을 수 있는 표현들이 많은 것 같아요. 한 자 한 자 정성껏 써서 300문장 통암기해 보려고요. ★ 윤혜진(대학생)

 히라가나랑 한자를 쓰면서 외울 수 있어서 더 잘 외워지는 것 같아요. 쓰는 부분이 더 있으면 더 좋았을 것 같아요. 저는 세 번 쓰기로는 좀 부족한 느낌이라... 단어도 정리되어 있어 편리했어요. ★ 배승연(공무원)

쓰다 보면 공부에 더 집중이 잘 되는 것 같아요. 일단 듣기, 쓰면서 자동암기, 회화 연습의 3단계에 맞춰서 동그라미에 V 표시를 하면서 공부하고 있어요.
★ 정은미(회사원)

공부하기 전에
준비할 것

쓰기 편한 필기구 하나
(연필, 볼펜, 색연필 등 아무거나)

이어폰

휴대폰 (또는 MP3플레이어)
✽무료 MP3 다운받아놓기

열공
의지

열공 의지 ✽중요

이것만은 꼭 알아두자
활용 만점 기본 표현

일단 듣기
🎧 MP3 001-020

회화 연습
🎧 MP3 001-020

내 머릿속 지우개는 **NO!**
**효과 100%
절대 암기법**

일단 듣기 ➡️ 쓰면서 자동암기 ➡️ 회화연습

이것만은 꼭 알아두자
활용 만점 기본 표현

STEP 1 » 일단 듣기

001

안녕하세요. (점심 때 하는 인사말)

こんにちは。

おはよう(ございます) 아침 인사 | こんばんは 저녁 인사

002

아, 저기요.

あのう、すみません。

あのう 저기, 저

003

실례하겠습니다.

しつれいします。

004

부탁합니다. / 주세요.

お願いします。
ねが

005

잘 모르겠어요.

よくわかりません。

わかる 알다, 이해하다

회화 연습

일단 듣고
3번 쓰고
말해봐

STEP 2 ›› 3번 쓰기

STEP 3 ›› 말하기

✎ こんにちは。

✎ あのう、すみません。

✎ しつれいします。

✎ お願（ねが）いします。

✎ よくわかりません。

11

STEP 1 >> 일단 듣기

006

어디예요?

どこですか。

007

얼마예요?

いくらですか。

008

뭐예요?

何ですか。
なん

009

그래요?

そうですか。

そうだ 그렇다

010

지금 몇 시예요?

今、何時ですか。
いま　　なんじ

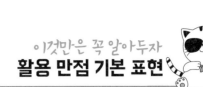
이것만은 꼭 알아두자
활용 만점 기본 표현

STEP 2 ≫ 3번 쓰기	STEP 3 ≫ 말하기

✎ どこですか。

✎ いくらですか。

✎ 何^{なん}ですか。

✎ そうですか。

✎ 今^{いま}、何時^{なんじ}ですか。

STEP 1 » 일단 듣기

011

어때요?

どうですか。

どうだ 어떠하다

012

한 번 더 부탁해요.

もう一度お願いします。
いち ど　　　　ねが

もう一度いちど 한 번 더

013

좋아요.

いいです。

014

싫어요.

いやです。

015

안 돼요.

だめです。

14

이것만은 꼭 알아두자
활용 만점 기본 표현

STEP 2 ›› 3번 쓰기

STEP 3 ›› 말하기

✎ どうですか。

✎ もう一度お願いします。

✎ いいです。

✎ いやです。

✎ だめです。

15

016

아쉽네요.

ざんねんですね。

017

괜찮아요.

だいじょうぶです。

018

일본어는 별로 못해요.

日本語はあまりできません。
にほんご

あまり 그다지, 별로 | できる 할수있다

019

천천히 말해 주세요.

ゆっくり話してください。
はな

ゆっくり 천천히 | ～てください ~해주세요

020

여기에 써 주세요.

ここに書いてください。
か

書く 쓰니

활용 만점 기본 표현

STEP 2 >> 3번 쓰기	STEP 3 >> 말하기

✎ ざんねんですね。

✎ だいじょうぶです。

✎ 日本語はあまりできません。

✎ ゆっくり話してください。

✎ ここに書いてください。

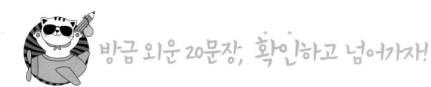

방금 외운 20문장, 확인하고 넘어가자!

이 말, 일본어로는 뭐라고 할까요? 다시 한번 쓰면서 말해 보세요.

아, 저기요.	어디예요?
여기에 써 주세요.	그래요?
일본어는 별로 못해요.	싫어요.
안 돼요.	아쉽네요.
어때요?	천천히 말해 주세요.
뭐예요?	괜찮아요.
부탁합니다. / 주세요.	좋아요.
실례하겠습니다.	지금 몇 시예요?
안녕하세요. (점심 때 하는 인사말)	한 번 더 부탁해요.
잘 모르겠어요.	얼마예요?

자~ 출발!
공항에서

 일단 듣기
🎧 **MP3** 021-040

 회화 연습
🎧 **MP3** 021-040

일단 듣기 ➡ 쓰면서 자동암기 ➡ 회화연습

일단 듣기

자~ 출발!
공항에서

STEP 1 >> 일단 듣기

021

16번 게이트는 어디예요?

16番ゲートはどこですか。
ばん

ゲート 게이트

022

탑승은 언제 해요?

搭乗はいつからですか。
とうじょう

～から ~부터

023

입국 목적은 무엇입니까?

入国の目的は何ですか。
にゅうこく　　もくてき　　なん

024

관광이요.

観光です。
かんこう

025

출장차 왔어요.

出張で来ました。
しゅっちょう　　き

회화 연습

STEP 2 ≫ 3번 쓰기　　　　　　STEP 3 ≫ 말하기

✎ 16番ゲートはどこですか。
ばん

✎ 搭乗はいつからですか。
とうじょう

✎ 入国の目的は何ですか。
にゅうこく　もくてき　なん

✎ 観光です。
かんこう

✎ 出張で来ました。
しゅっちょう　き

026

일본에는 처음입니까?

日本は初めてですか。
にほん　　はじ

初はじめて 처음

027

처음이에요.

初めてです。
はじ

二回目にかいめ 두 번째 | 三回目さんかいめ 세 번째

028

어디서 머물 예정인가요?

どこに泊まる予定ですか。
　　　　　と　　　　　よてい

泊とまる 묵다, 머무르다

029

호텔에 머물러요.

ホテルに泊まります。
　　　　　と

030

친구 집에 머물러요.

友だちの家に泊まります。
とも　　　いえ　と

STEP 2 » 3번 쓰기	STEP 3 » 말하기

✎ 日本は初めてですか。

✎ 初めてです。

✎ どこに泊まる予定ですか。

✎ ホテルに泊まります。

✎ 友だちの家に泊まります。

STEP 1 ≫ 일단 듣기

031

일본에는 며칠 있을 예정인가요?

日本には何日間いる予定ですか。
にほん　　　　なんにちかん　　　　よ　てい

何日間 なんにちかん 며칠간

032

4일 예정이에요.

4日の予定です。
　よっか　　　よ　てい

4日 よっか 4일 | 3日 みっか 3일 | 一週間 いっしゅうかん 일주일간

033

신고할 물건은 없습니까?

何か申告する物はありませんか。
なに　　しんこく　　　もの

物 もの 물건, 사물

034

없어요.

ありません。

035

이건 뭐죠?

これは何ですか。
　　　　　なん

| STEP 2 ≫ 3번 쓰기 | STEP 3 ≫ 말하기 |

✎ 日本には何日間いる予定ですか。

✎ 4日の予定です。

✎ 何か申告する物はありませんか。

✎ ありません。

✎ これは何ですか。

036

선물이에요.

お土産です。
みやげ

お土産みやげ 여행지에서 산 선물

037

짐이 안 나왔어요.

荷物が出てきませんでした。
に もつ で

荷物にもつ 짐 | 出でる 나오다

038

인터넷 할 수 있는 곳이 있나요?

インターネットできる所はありますか。
ところ

インターネット 인터넷 | 所ところ 곳, 장소

039

카트는 어디 있어요?

カートはどこにありますか。

カート 카트

040

환전하고 싶은데요.

両替したいんですが。
りょうがえ

両替りょうがえ 환전 | ~たいです ~하고 싶어요

자~ 출발!
공항에서

STEP 2 >> 3번 쓰기	STEP 3 >> 말하기

✎ お土産です。

✎ 荷物が出てきませんでした。

✎ インターネットできる所はありますか。

✎ カートはどこにありますか。

✎ 両替したいんですが。

27

방금 외운 20문장, 확인하고 넘어가자!

이 말, 일본어로는 뭐라고 할까요? 다시 한번 쓰면서 말해 보세요.

없어요. ✎	입국 목적은 무엇입니까? ✎
신고할 물건은 없습니까? ✎	관광이요. ✎
16번 게이트는 어디예요? ✎	호텔에 머물러요. ✎
카트는 어디 있어요? ✎	출장차 왔어요. ✎
탑승은 언제 해요? ✎	이건 뭐죠? ✎
어디서 머물 예정인가요? ✎	일본에는 처음입니까? ✎
처음이에요. ✎	친구 집에 머물러요. ✎
환전하고 싶은데요. ✎	선물이에요. ✎
일본에는 며칠 있을 예정인가요? ✎	인터넷 할 수 있는 곳이 있나요? ✎
짐이 안 나왔어요. ✎	4일 예정이에요. ✎

쫄지말고 자신있게
기내에서

일단 듣기
🎧 **MP3 041-060**

회화 연습
🎧 **MP3 041-060**

내 머릿속 지우개는 **NO!**
효과 100%
절대 암기법

일단 듣기 ➡ 쓰면서 자동암기 ➡ 회화연습

쫄지 말고 자신 있게
기내에서

STEP 1 » 일단 듣기

041

거긴 제 자리인데요.

そこは私の席ですが。
わたし　　せき

席せき 자리, 좌석

042

좀 지나갈게요.

ちょっと通してください。
とお

ちょっと 조금, 약간 | 通とおす 지나가다, 통과하다

043

담요 좀 주세요.

毛布お願いします。
もう ふ　　ねが

毛布もうふ 담요

044

헤드폰 좀 주세요.

ヘッドホンもらえますか。

ヘッドホン 헤드폰 | もらう 받다

045

한국 신문 있어요?

韓国の新聞ありますか。
かんこく　　　しんぶん

韓国かんこく 한국

MP3 041-060

회화 연습

일단 듣고
3번 쓰고
말해봐

STEP 2 ›› 3번 쓰기

STEP 3 ›› 말하기

✎ そこは私(わたし)の席(せき)ですが。

✎ ちょっと通(とお)してください。

✎ 毛布(もうふ)お願(ねが)いします。

✎ ヘッドホンもらえますか。

✎ 韓国(かんこく)の新聞(しんぶん)ありますか。

31

046

음료는 뭘로 하시겠어요?

飲み物は何にしますか。
　の　　もの　　なに

飲のみ物もの 음료수,마실 것 | 〜にする ~으로 하다

047

음료는 어떤 게 있는데요?

飲み物は何がありますか。
　の　　もの　　なに

048

물 좀 주세요.

お水お願いします。
　　みず　　ねが

水みず 물 | コーヒー 커피 | お茶ちゃ (녹)차 | ジュース 주스

049

한 잔 더 주세요.

もう一杯ください。
　　　いっぱい

もう 더,이제 | 一杯いっぱい 한잔

050

녹차 드시겠어요?

お茶はいかがですか。
　　ちゃ

いかがですか 어떻습니까

| STEP 2 >> 3번 쓰기 | STEP 3 >> 말하기 |

✎ 飲み物は何にしますか。

✎ 飲み物は何がありますか。

✎ お水お願いします。

✎ もう一杯ください。

✎ お茶はいかがですか。

STEP 1 » 일단 듣기

051
⊘○○

식사는 언제예요?

食事はいつですか。
しょく じ

052
○○○

식사는 필요 없어요.

食事は要りません。
しょく じ　　　い

要いる 필요하다

053
○○○

깨우지 말아 주세요.

起こさないでください。
お

起ぉこす 일으키다, 깨우다 | ～ないでください ~하지 마세요

054
○○○

자리에 돌아가 주세요.

席に戻ってください。
せき　　　もど

戻もどる (되)돌아가다

055
○○○

얼마 후에 도착해요?

どれぐらいで着きますか。
つ

どれぐらい 어느 정도 | 着つく 도착하다

34

STEP 2 ›› 3번 쓰기   ## STEP 3 ›› 말하기

✎ 食事はいつですか。

✎ 食事は要りません。

✎ 起こさないでください。

✎ 席に戻ってください。

✎ どれぐらいで着きますか。

056

면세품 살 수 있어요?

免税品、買えますか。
めんぜいひん　　　か

免税品めんぜいひん 면세품

057

입국신고서 한 장 더 주세요.

入国申告書もう一枚ください。
にゅうこくしんこくしょ　　　　いちまい

一枚いちまい 한 장

058

여기엔 뭘 쓰면 되죠?

ここに何と書いたらいいですか。
なん　か

何なんと 뭐라고 | 〜たら ~(하)면

059

펜 좀 빌려 주세요.

ペンを借してください。
か

借かす 빌려 주다

060

의자 좀 세워 주시겠어요?

椅子を立ててもらえますか。
いす　た

立たてる 세우다

STEP 2 ≫ 3번 쓰기	STEP 3 ≫ 말하기

✎ 免税品、買えますか。

✎ 入国申告書もう一枚ください。

✎ ここに何と書いたらいいですか。

✎ ペンを借してください。

✎ 椅子を立ててもらえますか。

이 말, 일본어로는 뭐라고 할까요? 다시 한번 쓰면서 말해 보세요.

얼마 후에 도착해요? ✎	식사는 언제예요? ✎
녹차 드시겠어요? ✎	좀 지나갈게요. ✎
거긴 제 자리인데요. ✎	물 좀 주세요. ✎
깨우지 말아 주세요. ✎	담요 좀 주세요. ✎
면세품 살 수 있어요? ✎	의자 좀 세워 주시겠어요? ✎
한 잔 더 주세요. ✎	한국 신문 있어요? ✎
헤드폰 좀 주세요. ✎	여기엔 뭘 쓰면 되죠? ✎
입국신고서 한 장 더 주세요. ✎	음료는 뭘로 하시겠어요? ✎
음료는 어떤 게 있는데요? ✎	펜 좀 빌려 주세요. ✎
식사는 필요 없어요.	자리에 돌아가 주세요.

뭘 타야 할까?
대중교통

일단 듣기
🎧 MP3 061-080

회화 연습
🎧 MP3 061-080

내 머릿속 지우개는 NO!
효과 100%
절대 암기법

   ➡      ➡ 

일단 듣기   ➡   쓰면서 자동암기   ➡   회화연습

뭘 타야 할까?
대중교통

STEP 1 ›› 일단 듣기

061

가장 가까운 역은 어디예요?

一番近い駅はどこですか。
いちばんちか　えき

一番いちばん 가장, 제일 | 駅えき 역

062

어느 정도 걸리나요?

どのぐらいかかりますか。

どのぐらい 어느 정도 | かかる (시간 등이) 걸리다

063

오다이바에 가나요?

お台場に行きますか。
**　　だい　ば　　　い**

064

신주쿠역에 가고 싶은데요.

新宿駅に行きたいんですが。
しんじゅくえき　　い

〜たい ~(하고) 싶다

065

요금은 얼마예요?

料金はいくらですか。
りょうきん

회화 연습

일단 듣고
3번 쓰고
말해봐

STEP 2 ≫ 3번 쓰기   STEP 3 ≫ 말하기

✎ いちばんちか　えき
一番近い駅はどこですか。

✎ どのぐらいかかりますか。

✎ だいば　い
お台場に行きますか。

✎ しんじゅくえき　い
新宿駅に行きたいんですが。

✎ りょうきん
料金はいくらですか。

066

여기서 내리면 돼요?

ここで降りたらいいですか。
　　　　お

降_おりる 내리다

067

여기서 내릴게요.

ここで降ります。
　　　　お

068

택시 타는 곳은 어디예요?

タクシー乗り場はどこですか。
　　　　　の　　ば

タクシー 택시 | 乗_のり場_ば 승강장, 타는 곳

069

공항으로 가 주세요.

空港までお願いします。
　くうこう　　　　　　ねが

～まで ~까지

070

뭐가 가장 빨라요?

何が一番速いですか。
　なに　いちばん はや

速_{はや}い 빠르다

STEP 2 >> 3번 쓰기	STEP 3 >> 말하기

✎ ここで降りたらいいですか。

✎ ここで降ります。

✎ タクシー乗り場はどこですか。

✎ 空港までお願いします。

✎ 何が一番速いですか。

STEP 1 >> 일단 듣기

071

편도 2장 주세요.

片道２枚ください。
かたみち　　まい

片道 かたみち 편도 | 往復 おうふく 왕복 | 〜枚 まい ~장

072

동쪽 출구는 어디예요?

東口はどこですか。
ひがしぐち

東口 ひがしぐち 동쪽 출구

073

표가 안 나오는데요.

切符が出ません。
きっぷ　　で

074

잠시만 기다려 주세요.

少々お待ちください。
しょうしょう　　ま

少々 しょうしょう 잠시 | 待つ まつ 기다리다

075

일일 승차권은 얼마예요?

一日乗車券はいくらですか。
いちにちじょうしゃけん

멀 타야 할까?
대중교통

| STEP 2 >> 3번 쓰기 | STEP 3 >> 말하기 |

かたみち まい
✎ 片道 2 枚ください。

ひがしぐち
✎ 東口はどこですか。

きっ ぷ で
✎ 切符が出ません。

しょうしょう ま
✎ 少々お待ちください。

いちにちじょうしゃけん
✎ 一日乗車券はいくらですか。

45

076

매표소는 어디 있어요?

切符売り場はどこですか。
きっ ぷ う ば

売うり場ば 파는 곳, 매장

077

어떻게 가요?

どうやって行きますか。
い

どうやって 어떻게 (해서)

078

어디서 갈아타요?

どこで乗りかえますか。
の

乗のりかえる 갈아타다, 환승하다

079

1번 플랫폼이 여기예요?

1番のホームはここですか。
ばん

ホーム 홈, 플랫폼

080

시나가와에 도착하면 알려 주세요.

品川に着いたら教えてください。
しながわ つ おし

멀 타야 할까?
대중교통

STEP 2 » 3번 쓰기	STEP 3 » 말하기

✎ 切符売り場はどこですか。

✎ どうやって行きますか。

✎ どこで乗りかえますか。

✎ 1番のホームはここですか。

✎ 品川に着いたら教えてください。

47

방금 외운 20문장, 확인하고 넘어가자!

이 말, 일본어로는 뭐라고 할까요? 다시 한번 쓰면서 말해 보세요.

여기서 내릴게요. ✏️	뭐가 가장 빨라요? ✏️
신주쿠역에 가고 싶은데요. ✏️	요금은 얼마예요? ✏️
어떻게 가요? ✏️	택시 타는 곳은 어디예요? ✏️
가장 가까운 역은 어디예요? ✏️	여기서 내리면 돼요? ✏️
잠시만 기다려 주세요. ✏️	어느 정도 걸리나요? ✏️
오다이바에 가나요? ✏️	1번 플랫폼이 여기예요? ✏️
편도 2장 주세요. ✏️	동쪽 출구는 어디예요? ✏️
매표소는 어디 있어요? ✏️	일일 승차권은 얼마예요? ✏️
공항으로 가 주세요. ✏️	시나가와에 도착하면 알려 주세요. ✏️
어디서 갈아타요? ✏️	표가 안 나오는데요. ✏️

여기가 어디야?!
길 물어보기

일단 듣기
🎧 MP3 081-100

회화 연습
🎧 MP3 081-100

일단 듣기 ➡️ 쓰면서 자동암기 ➡️ 회화연습

여기가 어디야?!
길 물어보기

STEP 1 >> 일단 듣기

081

길을 잃었어요.

道に迷いました。
みち　　まよ

道みちに迷まよう 길을 잃다

082

여기가 어디인지 모르겠어요.

ここがどこか分かりません。
　　　　　　　　　わ

どこか 어디인지

083

지금 있는 데가 어디예요?

今いる所はどこですか。
いま　　ところ

084

길 좀 알려주세요.

道を教えてください。
みち　おし

085

역은 어디 있어요?

駅はどこですか。
えき

회화 연습

일단 듣고
3번 쓰고
말해봐

| STEP 2 >> 3번 쓰기 | STEP 3 >> 말하기 |

✎ 道に迷いました。

✎ ここがどこか分かりません。

✎ 今いる所はどこですか。

✎ 道を教えてください。

✎ 駅はどこですか。

086

버스 정류장은 어디예요?

バス停はどこですか。
てい

バス停てい 버스 정류장

087

여기로 데려다 주세요.

ここに連れて行ってください。
つ　　　　　い

連つれる 데리고가(오)다

088

라멘 가게를 찾고 있는데요.

ラーメン屋を探していますが。
や　　さが

ラーメン屋や 라면가게 | 探さがす 찾다

089

여기가 요요기공원인가요?

ここが代々木公園ですか。
よ よ ぎ こうえん

090

미쓰코시 백화점은 어디 있어요?

三越デパートはどこですか。
みつこし

デパート 백화점

STEP 2 » 3번 쓰기	STEP 3 » 말하기

✎ バス停^{てい}はどこですか。

✎ ここに連^つれて行^いってください。

✎ ラーメン屋^やを探^{さが}していますが。

✎ ここが代々木公園^{よ よ ぎ こうえん}ですか。

✎ 三越^{みつこし}デパートはどこですか。

091

지도에 표시해 주세요.

地図に書いてください。
ち ず　　か

地図 ちず 지도

092

이 지도로 알려 주세요.

この地図で教えてください。
　　ち ず　　おし

093

어디로 가면 돼요?

どこに行けばいいですか。
　　　い

行 い けば 가면

094

여기서 먼가요?

ここから遠いですか。
　　　　　　とお

遠 とお い 멀다

095

걸어갈 수 있나요?

歩いて行けますか。
ある　　　　い

歩 ある く 걷다 | 行 い ける 갈 수 있다

54

여기가 어디야?!
길 물어보기

STEP 2 ≫ 3번 쓰기　　　　　　　　　　　　　　**STEP 3 ≫ 말하기**

✎ 地図に書いてください。

✎ この地図で教えてください。

✎ どこに行けばいいですか。

✎ ここから遠いですか。

✎ 歩いて行けますか。

55

STEP 1 ≫ 일단 듣기

096

걸어서 얼마나 걸려요?

歩いてどのぐらいかかりますか。

ある

097

이 길이에요?

この道ですか。

みち

098

이 길 이름이 뭐예요?

この道の名前は何ですか。

みち　　なまえ　　なん

099

이 길이 아닌 것 같은데요.

この道ではないみたいですが。

みち

〜みたい ~인 듯하다, ~인 것 같다

100

근처에 편의점 있어요?

近くにコンビニありますか。

ちか

近ちかく 근처 | コンビニ 편의점

여기가 어디야?!
길 물어보기

| STEP 2 >> 3번 쓰기 | STEP 3 >> 말하기 |

_{ある}
✎ 歩いてどのぐらいかかりますか。

✎ この道_{みち}ですか。

✎ この道_{みち}の名前_{なまえ}は何_{なん}ですか。

✎ この道_{みち}ではないみたいですが。

✎ 近_{ちか}くにコンビニありますか。

57

방금 외운 20문장, 확인하고 넘어가자!

이 말, 일본어로는 뭐라고 할까요? 다시 한번 쓰면서 말해 보세요.

여기가 어디인지 모르겠어요.	어디로 가면 돼요?
걸어갈 수 있나요?	이 길이에요?
라멘 가게를 찾고 있는데요.	지도에 표시해 주세요.
지금 있는 데가 어디예요?	버스 정류장은 어디예요?
미쓰코시 백화점은 어디 있어요?	이 길이 아닌 것 같은데요.
길을 잃었어요.	걸어서 얼마나 걸려요?
여기로 데려다 주세요.	여기가 요요기공원인가요?
이 길 이름이 뭐예요?	여기서 먼가요?
이 지도로 알려 주세요.	길 좀 알려주세요.
근처에 편의점 있어요?	역은 어디 있어요?

금강산도 식후경
음식 주문하기

일단 듣기
🎧 **MP3** 101-120

회화 연습
🎧 **MP3** 101-120

내 머릿속 지우개는 NO!
효과 100%
절대 암기법

일단 듣기

➡

쓰면서 자동암기

➡

회화 연습

일단 듣기

금강산도 식후경
음식 주문하기

101

자리 있어요?

席ありますか。
せき

102

몇 분이세요?

何人様ですか。
なんにんさま

何人様 なんにんさま 몇 분

103

세 명이요.

三人です。
さんにん

三人 さんにん 세 명 | 一人 ひとり 한 명 | 二人 ふたり 두 명

104

얼마나 기다려야 하나요?

どのぐらい待ちますか。
ま

105

이쪽으로 오세요.

こちらへどうぞ。

こちら 이쪽

일단 듣고
3번 쓰고
말해봐

회화 연습

STEP 2 >> 3번 쓰기　　　　　　　　　STEP 3 >> 말하기

✎ 席ありますか。

✎ 何人様ですか。

✎ 三人です。

✎ どのぐらい待ちますか。

✎ こちらへどうぞ。

61

106

메뉴 좀 주세요.

メニューください。

107

한국어로 된 메뉴판 있어요?

韓国語のメニューありますか。
かんこく ご

108

메뉴 다시 한번 보여 주세요.

もう一度メニューお願いします。
いち ど　　　　　　　　ねが

109

주문하시겠어요?

ご注文なさいますか。
ちゅうもん

なさる 하시다

110

조금 있다가 주문할게요.

少し後で注文します。
すこ　あと　　ちゅうもん

後ぁとで 나중에

62

STEP 2 >> 3번 쓰기	STEP 3 >> 말하기

✎ メニューください。

👄
✓○○

✎ 韓国語のメニューありますか。
<small>かんこくご</small>

👄
○○○

✎ もう一度メニューお願いします。
<small>いちど　　　　　　　ねが</small>

👄
○○○

✎ ご注文なさいますか。
<small>ちゅうもん</small>

👄
○○○

✎ 少し後で注文します。
<small>すこ　あと　ちゅうもん</small>

👄
○○○

111

추천 요리는 뭐예요?

おすすめの料理は何ですか。
りょう り　　　　なん

おすすめ 추천, 권함

112

이건 어떤 요리예요?

これはどういう料理ですか。
りょう り

どういう 어떠하다

113

미소라멘 있어요?

みそラーメンありますか。

みそラーメン 미소(된장)라멘

114

이걸로 주세요.

これにします。

115

같은 거로 주세요.

同じものをください。
おな

同 おなじ 같음 | もの 것

64

금강산도 식후경
음식 주문하기

| STEP 2 » 3번 쓰기 | STEP 3 » 말하기 |

✎ おすすめの料理は何ですか。

✎ これはどういう料理ですか。

✎ みそラーメンありますか。

✎ これにします。

✎ 同じものをください。

65

116

저 음식은 뭐예요?

あの料理は何ですか。
りょうり　　なん

117

물 좀 더 주세요.

お水もっとください。
みず

もっと 더(더욱)

118

드시고 가세요? 포장이에요?

お召し上がりですか、お持ち帰りですか。
め　　あ　　　　　　　　　　　も　　かえ

召めし上あがる 드시다 | 持もち帰かえる 가지고 가다

119

여기서 먹을 거예요.

ここで食べます。
た

120

가져갈 거예요.

持ち帰りです。
も　　かえ

| STEP 2 >> 3번 쓰기 | STEP 3 >> 말하기 |

✎ あの料理は何ですか。

✎ お水もっとください。

✎ お召し上がりですか、お持ち帰りですか。

✎ ここで食べます。

✎ 持ち帰りです。

방금 외운 20문장, 확인하고 넘어가자!

이 말, 일본어로는 뭐라고 할까요? 다시 한번 쓰면서 말해 보세요.

메뉴 다시 한번 보여 주세요. ✎	세 명이요. ✎
자리 있어요? ✎	주문하시겠어요? ✎
조금 있다가 주문할게요. ✎	같은 거로 주세요. ✎
저 음식은 뭐예요? ✎	몇 분이세요? ✎
메뉴 좀 주세요. ✎	이쪽으로 오세요. ✎
가져갈 거예요. ✎	추천 요리는 뭐예요? ✎
얼마나 기다려야 하나요? ✎	미소라멘 있어요? ✎
물 좀 더 주세요. ✎	드시고 가세요? 포장이에요? ✎
한국어로 된 메뉴판 있어요? ✎	이건 어떤 요리예요? ✎
이걸로 주세요. ✎	여기서 먹을 거예요. ✎

식당에서
이런 말도 해 보자

일단 듣기
🎧 MP3 121-140

회화 연습
🎧 MP3 121-140

내 머릿속 지우개는 NO!
효과 100%
절대 암기법

일단 듣기 ➡ 쓰면서 자동암기 ➡ 회화 연습

식당에서
이런 말도 해 보자

STEP 1 >> 일단 듣기

121

잘 먹겠습니다.
いただきます。

122

아주 맛있어요.
とてもおいしいです。

123

배불러요.
お腹いっぱいです。
なか

腹 なか 배 | いっぱい 가득 참

124

잘 먹었습니다.
ごちそうさまでした。

125

계산해 주세요.
お勘定お願いします。
かんじょう　　ねが

勘定 かんじょう 계산(서)

会話 연습

일단 듣고
3번 쓰고
말해봐

STEP 2 ≫ 3번 쓰기　　　　　　　STEP 3 ≫ 말하기

✎ いただきます。

✎ とてもおいしいです。

✎ お腹(なか)いっぱいです。

✎ ごちそうさまでした。

✎ お勘定(かんじょう)お願(ねが)いします。

71

126

냅킨 좀 주실래요?

ナプキンもらえますか。

ナプキン 냅킨

127

개인 접시 좀 주세요.

取り皿お願いします。
　と　　ざら　　ねが

取とり皿ざら 덜어 담는 작은 접시

128

젓가락을 떨어뜨렸는데요.

箸を落としました。
はし　　お

落おとす 떨어뜨리다

129

화장실 어디예요?

トイレはどこですか。

トイレ 화장실

130

자리 옮겨도 돼요?

席をかえてもいいですか。
せき

STEP 2 ›› 3번 쓰기	STEP 3 ›› 말하기

✎ ナプキンもらえますか。

✎ 取_とり皿_{さら}お願_{ねが}いします。

✎ 箸_{はし}を落_おとしました。

✎ トイレはどこですか。

✎ 席_{せき}をかえてもいいですか。

STEP 1 ›› 일단 듣기

131

생맥주 주세요.

生ビールください。
なま

生なまビール 생맥주

132

한 잔 더 주세요.

お代わりください。
か

お代かわり 같은 음식을 더 먹음, 리필

133

아이스 아메리카노 주세요.

アイスコーヒーでお願いします。
ねが

アイスコーヒー 아이스커피

134

카푸치노 하나 테이크아웃이요.

カプチーノ一つお持ち帰りで。
ひと　　　　も　　かえ

カプチーノ 카푸치노

135

리필 되나요?

お代わりできますか。
か

74

식당에서
이런 말도 해 보자

STEP 2 >> 3번 쓰기	STEP 3 >> 말하기

✎ 生ビールください。

✎ お代わりください。

✎ アイスコーヒーでお願いします。

✎ カプチーノ一つお持ち帰りで。

✎ お代わりできますか。

136

디저트는 뭐가 있나요?

デザートは何がありますか。
なに

デザート 디저트

137

아직 안 나왔어요.

まだ出ていません。
で

138

여기 오길 잘했다.

ここ来てよかったね。
き

よかった 좋았다, 다행이다

139

내가 살게.

ぼくがおごるよ。

ぼく 나(남자가 자신을 지칭하는 말) | おごる 한턱내다

140

각자 내자.

割り勘にしよう。
わ　　かん

割り勘かん 더치페이, 각자 지불함

식당에서
이런 말도 해 보자

STEP 2 ›› 3번 쓰기	STEP 3 ›› 말하기

✏️ デザートは何^{なに}がありますか。

✏️ まだ出^でていません。

✏️ ここ来^きてよかったね。

✏️ ぼくがおごるよ。

✏️ 割^わり勘^{かん}にしよう。

77

식당에서
이런 말도 해 보자

STEP 2 ›› 3번 쓰기	STEP 3 ›› 말하기

✏️ デザートは何（なに）がありますか。

✏️ まだ出（で）ていません。

✏️ ここ来（き）てよかったね。

✏️ ぼくがおごるよ。

✏️ 割（わ）り勘（かん）にしよう。

방금 외운 20문장, 확인하고 넘어가자!

이 말, 일본어로는 뭐라고 할까요? 다시 한번 쓰면서 말해 보세요.

잘 먹었습니다. ✎	개인 접시 좀 주세요. ✎
잘 먹겠습니다. ✎	화장실 어디예요? ✎
젓가락을 떨어뜨렸는데요. ✎	리필 되나요? ✎
아주 맛있어요. ✎	각자 내자. ✎
계산해 주세요. ✎	배불러요. ✎
카푸치노 하나 테이크아웃이요. ✎	한 잔 더 주세요. ✎
냅킨 좀 주실래요? ✎	내가 살게. ✎
생맥주 주세요. ✎	여기 오길 잘했다. ✎
아직 안 나왔어요. ✎	자리 옮겨도 돼요? ✎
아이스 아메리카노 주세요. ✎	디저트는 뭐가 있나요? ✎

여행다닐 때
이런 말 꼭 한다

일단 듣기
🎧 MP3 141-160

회화 연습
🎧 MP3 141-160

내 머릿속 지우개는 NO!
효과 100%
절대 암기법

일단 듣기 → 쓰면서 자동암기 → 회화 연습

여행 다닐 때
이런 말 꼭 한다

STEP 1 » 일단 듣기

141

매표소는 어디예요?

チケット売り場はどこですか。
うば

チケット 티켓, 표

142

입장료는 얼마예요?

入場料はいくらですか。
にゅうじょうりょう

143

할인되나요?

割引できますか。
わりびき

割引 わりびき 할인

144

쿠폰 있는데요.

クーポンがあります。

クーポン 쿠폰

145

인터넷으로 예매했어요.

インターネットで予約しました。
よやく

インターネット 인터넷 | 予約 よやく 예약

80

MP3 141-160

회화 연습

STEP 2 ≫ 3번 쓰기　　　　　　　　　　　　　　 STEP 3 ≫ 말하기

일단 듣고
3번 쓰고
말해봐

✎ チケット売り場はどこですか。

✎ 入場料はいくらですか。

✎ 割引できますか。

✎ クーポンがあります。

✎ インターネットで予約しました。

81

146

예매 번호를 잊어버렸어요.

予約番号を忘れてしまいました。
よ やくばんごう　　わす

忘わすれる 잊다, 잃다

147

어른 한 명이요.

大人一人です。
おとな　ひとり

148

입구가 어디예요?

入り口はどこですか。
い　　ぐち

入いり口ぐち 입구

149

몇 시에 끝나요?

何時に終わりますか。
なん じ　　お

終おわる 끝나다, 마치다

150

여기 자리 있나요?

ここ空いていますか。
あ

空あく 비다

82

| STEP 2 » 3번 쓰기 | STEP 3 » 말하기 |

✎ 予約番号を忘れてしまいました。

✎ 大人一人です。

✎ 入り口はどこですか。

✎ 何時に終わりますか。

✎ ここ空いていますか。

오늘부터
열공모드

STEP 1 >> 일단 듣기

151

무료 지도 있어요?

無料地図ありますか。
むりょうちず

152

한국어 팸플릿을 받고 싶은데요.

韓国語のパンフレットがほしいです。
かんこく　ご

パンフレット 팸플릿 | ほしい 갖고 싶다, 원하다

153

한국어 통역 있어요?

韓国語の通訳はありますか。
かんこく　ご　　　つうやく

154

기념품을 사고 싶어요.

記念品が買いたいです。
き ねんひん　　か

155

디즈니랜드에 가고 싶어요.

ディズニーランドに行きたいです。
い

84

여행 다닐 때
이런 말 꼭 한다

STEP 2 » 3번 쓰기	STEP 3 » 말하기

✎ 無料地図ありますか。

✎ 韓国語のパンフレットがほしいです。

✎ 韓国語の通訳はありますか。

✎ 記念品が買いたいです。

✎ ディズニーランドに行きたいです。

156

여기서 사진을 찍어도 돼요?

ここで写真をとってもいいですか。
しゃしん

写真しゃしんをとる 사진을 찍다

157

사진 좀 찍어 주실래요?

写真とってもらえますか。
しゃしん

158

이 버튼을 누르시면 돼요.

このボタンを押せばいいんです。
お

ボタン 버튼 | 押おす 누르다

159

한 장 더 부탁해요.

もう一枚お願いします。
いちまい　　　ねが

一枚いちまい 한 장

160

같이 찍어도 돼요?

一緒にとってもいいですか。
いっしょ

一緒いっしょに 함께, 같이

STEP 2 >> 3번 쓰기	STEP 3 >> 말하기

✎ ここで写真_{しゃしん}をとってもいいですか。

ここで写真をとってもいいですか。

⬤◯◯

✎ 写真_{しゃしん}とってもらえますか。

◯◯◯

✎ このボタンを押_おせばいいんです。

◯◯◯

✎ もう一枚_{いちまい}お願_{ねが}いします。

◯◯◯

✎ 一緒_{いっしょ}にとってもいいですか。

◯◯◯

방금 외운 20문장, 확인하고 넘어가자!

이 말, 일본어로는 뭐라고 할까요? 다시 한번 쓰면서 말해 보세요.

어른 한 명이요.	입장료는 얼마예요?
인터넷으로 예매했어요.	쿠폰 있는데요.
무료 지도 있어요?	몇 시에 끝나요?
여기서 사진을 찍어도 돼요?	사진 좀 찍어 주실래요?
매표소는 어디예요?	여기 자리 있나요?
디즈니랜드에 가고 싶어요.	같이 찍어도 돼요?
입구가 어디예요?	예매 번호를 잊어버렸어요.
한 장 더 부탁해요.	이 버튼을 누르시면 돼요.
할인되나요?	기념품을 사고 싶어요.
한국어 팸플릿을 받고 싶은데요.	한국어 통역 있어요?

지름신강림
쇼핑할 때

내 머릿속 지우개는 NO!
효과 100%
절대 암기법

일단 듣기 ➡ 쓰면서 자동암기 ➡ 회화연습

일단 듣기

지름신 강림
쇼핑할 때

STEP 1 » 일단 듣기

161

이거 얼마예요?

これ、いくらですか。

162

좀 깎아 주세요.

少しまけてください。
すこ

まける 값을 깎아 주다

163

다 합해서 얼마죠?

全部でいくらですか。
ぜん ぶ

164

따로따로 포장해 주세요.

別々に包んでください。
べつべつ　　つつ

別々べつべつに 따로따로 | 包つつむ 싸다, 포장하다

165

선물 포장 해 주세요.

お土産用に包んでください。
みやげ よう　　つつ

🎧 MP3 161-180

일단 듣고
3번 쓰고
말해봐

STEP 2 ≫ 3번 쓰기   STEP 3 ≫ 말하기

✎ これ、いくらですか。

✎ 少^{すこ}しまけてください。

✎ 全部^{ぜんぶ}でいくらですか。

✎ 別々^{べつべつ}に包^{つつ}んでください。

✎ お土産用^{みやげよう}に包^{つつ}んでください。

91

STEP 1 >> 일단 듣기

166

그냥 보는 거예요.

ただ見ているだけです。
み

ただ 그저, 그냥

167

치마를 찾고 있어요.

スカートを探しています。
さが

168

저것 좀 볼 수 있어요?

あれちょっと見れますか。
み

見みれる 볼 수 있다

169

입어 봐도 되나요?

着てみてもいいですか。
き

着きる 입다 | 〜てみる ~해 보다

170

똑같은 거로 검은색은 없나요?

同じもので黒はありませんか。
おな　　　　　　くろ

STEP 2 >> 3번 쓰기	STEP 3 >> 말하기

✎ ただ見<ruby>み</ruby>ているだけです。

👄
✓ ○ ○

✎ スカートを探<ruby>さが</ruby>しています。

👄
○ ○ ○

✎ あれちょっと見<ruby>み</ruby>れますか。

👄
○ ○ ○

✎ 着<ruby>き</ruby>てみてもいいですか。

👄
○ ○ ○

✎ 同<ruby>おな</ruby>じもので黒<ruby>くろ</ruby>はありませんか。

👄
○ ○ ○

171

피팅룸은 어디예요?

試着室はどこですか。
し ちゃくしつ

試着室 しちゃくしつ 시착실, 피팅룸

172

조금 커요.

少し大きいです。
すこ おお

大 おおきい 크다 | 小 ちいさい 작다

173

꽉 끼어요.

ちょっときついです。

きつい 끼다

174

딱 맞아요.

ぴったりです。

ぴったり 알맞은 모양, 딱 맞음

175

이걸로 주세요.

これでお願いします。
ねが

지름신 강림
쇼핑할 때

| STEP 2 >> 3번 쓰기 | STEP 3 >> 말하기 |

✎ 試着室はどこですか。

✎ 少し大きいです。

✎ ちょっときついです。

✎ ぴったりです。

✎ これでお願いします。

95

176
⊘○○

너무 비싸요.

高すぎます。
たか

〜すぎる 너무 ~하다

177
○○○

환불해 주세요.

返金してください。
へんきん

返金へんきん 환불

178
○○○

이거 교환하고 싶은데요.

これ、交換したいですが。
　　　　　こうかん

交換こうかん 교환

179
○○○

계산이 틀린 것 같아요.

計算が間違っているようです。
けいさん　　　まちが

間違まちがう 잘못되다, 틀리다 | 〜ようだ ~인듯하다, ~인 것 같다

180
○○○

영수증 주세요.

レシートください。

レシート 영수증

지름신 강림
쇼핑할 때

| STEP 2 >> 3번 쓰기 | STEP 3 >> 말하기 |

✎ <ruby>高<rt>たか</rt></ruby>すぎます。

✎ <ruby>返金<rt>へんきん</rt></ruby>してください。

✎ これ、<ruby>交換<rt>こうかん</rt></ruby>したいですが。

✎ <ruby>計算<rt>けいさん</rt></ruby>が<ruby>間違<rt>まちが</rt></ruby>っているようです。

✎ レシートください。

방금 외운 20문장, 확인하고 넘어가자!

이 말, 일본어로는 뭐라고 할까요? 다시 한번 쓰면서 말해 보세요.

조금 커요. ✎	그냥 보는 거예요 ✎
다 합해서 얼마죠? ✎	똑같은 거로 검은색은 없나요? ✎
딱 맞아요. ✎	좀 깎아 주세요. ✎
치마를 찾고 있어요. ✎	저것 좀 볼 수 있어요? ✎
너무 비싸요. ✎	영수증 주세요. ✎
이거 얼마예요? ✎	피팅룸은 어디예요? ✎
이거 교환하고 싶은데요. ✎	따로따로 포장해 주세요. ✎
입어 봐도 되나요? ✎	계산이 틀린 것 같아요. ✎
선물 포장 해 주세요. ✎	꽉 끼어요. ✎
환불해 주세요. ✎	이걸로 주세요. ✎

우아하게 이용하자
호텔에서

일단 듣기
🎧 **MP3 181-200**

회화 연습
🎧 **MP3 181-200**

일단 듣기 ➝ 쓰면서 자동암기 ➝ 회화연습

우아하게 이용하자
호텔에서

일단 듣기

STEP 1 >> 일단 듣기

181

예약했는데요.

予約したんですが。
よ やく

182

예약하고 싶어요.

予約したいです。
よ やく

183

방 있어요?

部屋ありますか。
へ や

184

싱글룸으로 주세요.

シングルルームをお願いします。
ねが

シングルルーム 싱글룸 | ツインルーム 트윈룸

185

숙박료는 얼마예요?

宿泊料はいくらですか。
しゅくはくりょう

회화 연습

일단 듣고
3번 쓰고
말해봐

STEP 2 » 3번 쓰기	STEP 3 » 말하기

✎ 予約したんですが。

🖤 ✓○○

✎ 予約したいです。

🖤 ○○○

✎ 部屋ありますか。

🖤 ○○○

✎ シングルルームをお願いします。

🖤 ○○○

✎ 宿泊料はいくらですか。

🖤 ○○○

186

체크아웃은 몇 시까지예요?

チェックアウトは何時までですか。
なん じ

チェックアウト 체크아웃

187

하룻밤만 묵을 거예요.

一泊するつもりです。
いっぱく

一泊 いっぱく 일박 | つもり 작정, 생각

188

하룻밤 더 묵고 싶은데요.

もう一泊したいんですが。
いっぱく

189

하루 일찍 퇴실하고 싶어요.

1日早くチェックアウトしたいです。
いちにち はや

190

체크아웃 부탁합니다.

チェックアウトお願いします。
ねが

STEP 2 ≫ 3번 쓰기	STEP 3 ≫ 말하기

✎ チェックアウトは^{なんじ}何時までですか。

✎ ^{いっぱく}一泊するつもりです。

✎ もう^{いっぱく}一泊したいんですが。

✎ ^{いちにちはや}1日早くチェックアウトしたいです。

✎ チェックアウト^{ねが}お願いします。

103

191

룸서비스 부탁합니다.

ルームサービスお願いします。
<small>ねが</small>

サービス 서비스

192

513호실이요.

５１３号室です。
<small>ごうしつ</small>

193

수건을 좀 더 주세요.

タオルをもっとください。

タオル 수건, 타월

194

아침 7시에 깨워 주세요.

朝７時に起こしてください。
<small>あさ　　　じ　　お</small>

195

세탁 서비스 되나요?

クリーニングのサービスはできますか。

クリーニング 클리닝, 세탁

STEP 2 >> 3번 쓰기　　　　STEP 3 >> 말하기

✎ ルームサービスお願<small>ねが</small>いします。

✎ 513号室<small>ごうしつ</small>です。

✎ タオルをもっとください。

✎ 朝<small>あさ</small>7時<small>じ</small>に起<small>お</small>こしてください。

✎ クリーニングのサービスはできますか。

STEP 1 » 일단 듣기

196

와이파이 비밀번호가 뭐예요?

ワイファイのパスワードは何ですか。
なん

ワイファイ 와이파이 | パスワード 패스워드

197

조식은 몇 시부터예요?

朝食は何時からですか。
ちょうしょく　なん　じ

朝食ちょうしょく 조식, 아침 식사

198

방에 열쇠를 두고 나왔어요.

部屋にかぎを忘れました。
へ　や　　　　　　わす

かぎ 열쇠

199

더블룸을 예약했는데요.

ダブルルームを予約したんですが。
よ やく

ダブルルーム 더블룸

200

짐 좀 보관해 주시겠어요?

荷物を預かってもらえますか。
に もつ　　あず

荷物にもつ 짐 | 預あずかる 맡기다

STEP 2 » 3번 쓰기　　　　　　　STEP 3 » 말하기

✎ ワイファイのパスワードは何ですか。

✎ 朝食は何時からですか。

✎ 部屋にかぎを忘れました。

✎ ダブルルームを予約したんですが。

✎ 荷物を預かってもらえますか。

방금 외운 20문장, 확인하고 넘어가자!

이 말, 일본어로는 뭐라고 할까요? 다시 한번 쓰면서 말해 보세요.

숙박료는 얼마예요? ✎	예약하고 싶어요. ✎
방 있어요? ✎	하룻밤만 묵을 거예요. ✎
체크아웃 부탁합니다. ✎	수건을 좀 더 주세요. ✎
와이파이 비밀번호가 뭐예요? ✎	하루 일찍 퇴실하고 싶어요. ✎
예약했는데요. ✎	아침 7시에 깨워 주세요. ✎
룸서비스 부탁합니다. ✎	싱글룸으로 주세요. ✎
하룻밤 더 묵고 싶은데요. ✎	방에 열쇠를 두고 나왔어요. ✎
체크아웃은 몇 시까지예요? ✎	조식은 몇 시부터예요? ✎
더블룸을 예약했는데요. ✎	513호실이요. ✎
세탁 서비스 되나요? ✎	짐 좀 보관해 주시겠어요? ✎

두근두근 내 맘 알까?
친구 사귀기

일단 듣기
🎧 MP3 201-220

회화 연습
🎧 MP3 201-220

내 머릿속 지우개는 NO!
효과 100%
절대 암기법

일단 듣기 ➡ 쓰면서 자동암기 ➡ 회화연습

두근두근 내맘 알까?
친구 사귀기

STEP 1 » 일단·듣기

201

여기 참 좋네요.

ここ本当にいいですね。
ほんとう

202

어디에서 오셨어요?

どこから来ましたか。
き

203

한국에서 왔어요.

韓国から来ました。
かんこく　　　　き

204

전 강민호예요.

カン・ミンホです。

205

잘 부탁합니다.

よろしくお願いします。
ねが

よろしく 잘

회화 연습

일단 듣고
3번 쓰고
말해봐

STEP 2 » 3번 쓰기　　　　　　　　　　STEP 3 » 말하기

✎ ここ本当(ほんとう)にいいですね。

✎ どこから来(き)ましたか。

✎ 韓国(かんこく)から来(き)ました。

✎ カン・ミンホです。

✎ よろしくお願(ねが)いします。

206

좋은 곳 소개해 주세요.

いい所、紹介してください。
ところ　　しょうかい

207

참 예쁜 곳이네요.

とてもきれいな所ですね。
ところ

208

한국에 와 본 적 있어요?

韓国に来たことありますか。
かんこく　　き

〜たことがある ~한 적이 있다

209

한국 음식 좋아해요?

韓国料理は好きですか。
かんこくりょうり　　　　す

210

한국 음식 먹어 본 적 있어요?

韓国料理を食べたことはありますか。
かんこくりょうり　　　た

STEP 2 ≫ 3번 쓰기	STEP 3 ≫ 말하기

✎ いい所、紹介してください。

✎ とてもきれいな所ですね。

✎ 韓国に来たことありますか。

✎ 韓国料理は好きですか。

✎ 韓国料理を食べたことはありますか。

211

아는 게 참 많으시네요.

詳しいですね。
くわ

詳くわしい 상세하다, 자세하다, 정통하다

212

맞는 말입니다.

その通りです。
とお

その通とおり 그렇고말고

213

제 메일 주소예요.

私のメールアドレスです。
わたし

メール 메일 | アドレス 주소

214

계속 연락을 하고 싶어요.

ずっと連絡をとりたいです。
れんらく

連絡れんらくをとる 연락을 취하다

215

당신과 친구가 되고 싶어요.

あなたと友だちになりたいです。
とも

114

두근두근 내 맘 알까?
친구 사귀기

| STEP 2 » 3번 쓰기 | STEP 3 » 말하기 |

✎ 詳<small>くわ</small>しいですね。

○○○

✎ その通<small>とお</small りです。

○○○

✎ 私<small>わたし</small>のメールアドレスです。

○○○

✎ ずっと連絡<small>れんらく</small>をとりたいです。

○○○

✎ あなたと友<small>とも</small>だちになりたいです。

○○○

115

STEP 1 >> 일단 듣기

216

페이스북 해요?

フェイスブックしますか。

フェイスブック 페이스북

217

저녁 식사 같이 어때요?

夕食、一緒にどうですか。
　　ゆうしょく　　　いっしょ

夕食ゆうしょく 저녁 식사

218

같이 가실래요?

一緒に行きませんか。
　いっしょ　　い

219

즐거운 하루 보내세요.

楽しい一日をお過ごしください。
　たの　　　　いちにち　　　　す

楽たのしい 즐겁다 | 過すごす 보내다

220

오늘 즐거웠어요.

今日は楽しかったです。
　きょう　　たの

116

두근두근 내 맘 알까?
친구 사귀기

| STEP 2 » 3번 쓰기 | STEP 3 » 말하기 |

✎ フェイスブックしますか。

ⓥ ○ ○

✎ 夕食、一緒にどうですか。
（ゆうしょく　いっしょ）

○ ○ ○

✎ 一緒に行きませんか。
（いっしょ　い）

○ ○ ○

✎ 楽しい一日をお過ごしください。
（たの　いちにち　す）

○ ○ ○

✎ 今日は楽しかったです。
（きょう　たの）

○ ○ ○

117

이 말, 일본어로는 뭐라고 할까요? 다시 한번 쓰면서 말해 보세요.

어디에서 오셨어요?	잘 부탁합니다.
아는 게 참 많으시네요.	한국 음식 좋아해요?
참 예쁜 곳이네요.	계속 연락을 하고 싶어요.
여기 참 좋네요.	전 강민호예요.
즐거운 하루 보내세요.	제 메일 주소예요.
같이 가실래요?	오늘 즐거웠어요.
한국에 와 본 적 있어요?	좋은 곳 소개해 주세요.
한국에서 왔어요.	맞는 말입니다.
당신과 친구가 되고 싶어요.	저녁 식사 같이 어때요?
한국 음식 먹어 본 적 있어요?	페이스북 해요?

기본 중의 기본
감사와 사과, 인사

일단 듣기
🎧 MP3 221-240

회화 연습
🎧 MP3 221-240

내 머릿속 지우개는 NO!
효과 100%
절대 암기법

일단 듣기 ➡️ 쓰면서 자동암기 ➡️ 회화연습

일단 듣기

기본 중의 기본
감사와 사과, 인사

STEP 1 >> 일단 듣기

221

정말 친절하시네요.

本当に親切ですね。
ほんとう　　　しんせつ

222

당신을 만나서 다행이에요.

あなたに会えてよかったです。
　　　　　　　　あ

〜に会ぁう ~를 만나다

223

도와줘서 고마워요.

手伝ってくれてありがとう。
　て　つだ

手伝てつだう 돕다

224

덕분이에요.

おかげさまで。

225

감사했어요.

ありがとうございました。

일단 듣고
3번 쓰고
말해봐

회화 연습

STEP 2 » 3번 쓰기 　　　　　　　　　　 STEP 3 » 말하기

✎ 本当に親切ですね。

✎ あなたに会えてよかったです。

✎ 手伝ってくれてありがとう。

✎ おかげさまで。

✎ ありがとうございました。

226

고마워요.

どうも。

227

천만에요. (ありがとう에 대한 답)

どういたしまして。

228

신세 많이 졌어요.

お世話になりました。
せ わ

世話せわになる 신세를 지다

229

좋은 여행이 되었어요.

いい旅行になりました。
りょこう

230

정말 좋은 분이시네요.

本当にいい方ですね。
ほんとう　　　　　　　かた

方かた 분

| STEP 2 » 3번 쓰기 | STEP 3 » 말하기 |

✎ どうも。

✎ どういたしまして。

✎ お世話[せわ]になりました。

✎ いい旅行[りょこう]になりました。

✎ 本当[ほんとう]にいい方[かた]ですね。

STEP 1 >> 일단 듣기

231

와, 기뻐요.

わあ、うれしいです。

232

죄송합니다.

ごめんなさい。

233

제 실수예요.

私のミスです。

わたし

ミス 실수, 잘못

234

어떡해.

どうしよう。

235

너무 죄송했어요.

どうもすみませんでした。

124

STEP 2 >> 3번 쓰기　　　　　　　　STEP 3 >> 말하기

✎ わあ、うれしいです。

✎ ごめんなさい。

✎ 私のミスです。

✎ どうしよう。

✎ どうもすみませんでした。

236

조심히 가.

お気をつけて。
き

気きをつける 조심하다, 주의하다

237

또 봤으면 좋겠어요.

また会いたいですね。
あ

238

잘 지내세요.

お元気で。
げん き

239

메일 주세요.

メールください。

240

메일 보낼게요.

メールします。

126

STEP 2 ≫ 3번 쓰기   STEP 3 ≫ 말하기

✎ お気^きをつけて。

✎ また会^あいたいですね。

✎ お元気^{げん き}で。

✎ メールください。

✎ メールします。

이 말, 일본어로는 뭐라고 할까요? 다시 한번 쓰면서 말해 보세요.

감사했어요.	당신을 만나서 다행이에요.
✎	✎
정말 좋은 분이시네요.	제 실수예요.
✎	✎
또 봤으면 좋겠어요.	메일 보낼게요.
✎	✎
정말 친절하시네요.	천만에요.
✎	✎
조심히 가.	도와줘서 고마워요.
✎	✎
덕분이에요.	어떡해.
✎	✎
메일 주세요.	잘 지내세요.
✎	✎
신세 많이 졌어요.	고마워요.
✎	✎
좋은 여행이 되었어요.	너무 죄송했어요.
✎	✎
와, 기뻐요.	죄송합니다.
✎	✎

완전 짜증나
컴플레인 하기

일단 듣기
🎧 **MP3 241-260**

회화 연습
🎧 **MP3 241-260**

내 머릿속 지우개는 NO!
효과 100%
절대 암기법

일단 듣기 ➡ 쓰면서 자동암기 ➡ 회화연습

완전 짜증 나
컴플레인 하기

STEP 1 >> 일단 듣기

241

TV가 안 나와요.

テレビが映りません。
うつ

映 うつる 비치다

242

문제가 있는 것 같아요.

問題があるようです。
もんだい

243

옆방이 시끄러워요.

となりの部屋がうるさいんです。
へ や

となり 옆, 이웃 | うるさい 시끄럽다

244

방 좀 바꿔 주세요.

部屋を取りかえてください。
へ や   と

取 とりかえる 바꾸다, 변경하다

245

뜨거운 물이 안 나와요.

お湯が出ません。
ゆ   で

お湯 ゆ 뜨거운 물

🎧 MP3 **241-260**

일단 듣고
3번 쓰고
말해봐

STEP 2 ›› 3번 쓰기 STEP 3 ›› 말하기

✎ テレビが映(うつ)りません。

✎ 問題(もんだい)があるようです。

✎ となりの部屋(へや)がうるさいんです。

✎ 部屋(へや)を取(と)りかえてください。

✎ お湯(ゆ)が出(で)ません。

131

246

한 시간 전에 주문했어요.

1時間前に注文したんです。
じ かんまえ　　ちゅうもん

247

이건 주문 안 했어요.

これは注文していません。
ちゅうもん

〜していない ~하지 않았다

248

수프에 뭐가 들어 있어요.

スープに何か入っています。
なに　　はい

入はいる 들어가다

249

식탁 좀 정리해 주실래요?

テーブルを片付けてくれませんか。
かた づ

片付かたづける 치우다, 정리하다

250

여기 닦아 주세요.

ここ拭いてください。
ふ

拭ふく 닦다

| STEP 2 >> 3번 쓰기 | STEP 3 >> 말하기 |

✎ 1時間前に注文したんです。
じ かんまえ　ちゅうもん

✓○○

✎ これは注文していません。
ちゅうもん

○○○

✎ スープに何か入っています。
なに　はい

○○○

✎ テーブルを片付けてくれませんか。
かた づ

○○○

✎ ここ拭いてください。
ふ

○○○

STEP 1 » 일단 듣기

251

얼마나 기다려야 하죠?

どのくらい待たなければなりません か。
ま

〜(し)なければならない ~해야 한다

252

이제 더 이상 참을 수 없어요.

もうこれ以上耐えられません。
い じょう た

これ以上いじょう 이이상, 더이상 | 耐たえる 참다, 견디다

253

돈은 이미 냈어요.

お金はもう払いました。
かね はら

払はらう 돈을 지불하다

254

실망스럽네요.

がっかりしました。

がっかりする 실망하다

255

새것으로 바꿔 주세요.

新しいのと取りかえてください。
あたら と

新あたらしい 새롭다, 새것이다

완전 짜증 나
컴플레인 하기

STEP 2 ›› 3번 쓰기	STEP 3 ›› 말하기

✎ どのくらい待たなければなりませんか。

✎ もうこれ以上耐えられません。

✎ お金はもう払いました。

✎ がっかりしました。

✎ 新しいのと取りかえてください。

256

조용히 해 주세요.

静かにしてください。
しず

257

방해하지 마세요.

じゃましないでください。

じゃま 방해

258

거스름돈 잘못 주셨는데요.

おつり間違っていますが。
　　　　ま ちが

おつり 잔돈, 거스름돈

259

그러면 곤란하죠.

それでは困ります。
　　　　　こま

困こまる 곤란하다

260

저는 그렇게 생각 안 하는데요.

私はそう思いません。
わたし　　　おも

완전 짜증 나
컴플레인 하기

| STEP 2 ≫ 3번 쓰기 | STEP 3 ≫ 말하기 |

✎ 静かにしてください。

○○○

✎ じゃましないでください。

○○○

✎ おつり間違っていますが。

○○○

✎ それでは困ります。

○○○

✎ 私はそう思いません。

○○○

이 말, 일본어로는 뭐라고 할까요? 다시 한번 쓰면서 말해 보세요.

옆방이 시끄러워요.	한 시간 전에 주문했어요.
실망스럽네요.	저는 그렇게 생각 안 하는데요.
방 좀 바꿔 주세요.	새것으로 바꿔 주세요.
TV가 안 나와요.	문제가 있는 것 같아요.
얼마나 기다려야 하죠?	수프에 뭐가 들어 있어요.
방해하지 마세요.	그러면 곤란하죠.
식탁 좀 정리해 주실래요?	이제 더 이상 참을 수 없어요.
이건 주문 안 했어요.	뜨거운 물이 안 나와요.
조용히 해 주세요.	거스름돈 잘못 주셨는데요.
여기 닦아 주세요.	돈은 이미 냈어요.

138

사람 살려!
사고 나거나 아플 때

일단 듣기
🎧 MP3 261-280

회화 연습
🎧 MP3 261-280

일단 듣기 ⟶ 쓰면서 자동암기 ⟶ 회화 연습

사람 살려!
사고 나거나 아플 때

STEP 1 ›› 일단 듣기

261

사람 살려!

助けて！
たす

262

위험해!

危ない！
あぶ

263

불이야!

火事だ！
か　じ

264

도둑이야!

どろぼう！

265

비상사태예요!

緊急事態です。
きんきゅう　じ　たい

MP3 261-280

회화 연습

일단 듣고
3번 쓰고
말해봐

STEP 2 >> 3번 쓰기

STEP 3 >> 말하기

✎ 助けて！
^{たす}

✎ 危ない！
^{あぶ}

✎ 火事だ！
^{か じ}

✎ どろぼう！

✎ 緊急事態です。
^{きんきゅう じ たい}

141

266

지갑을 잃어버렸어요.

財布をなくしました。
さい ふ

なくす 잃어버리다

267

한국말 할 줄 아는 사람 있어요?

韓国語ができる人いますか。
かんこく ご　　　　　　　　ひと

268

누구 없어요?

誰かいませんか。
だれ

269

전화 좀 쓸 수 있어요?

ちょっと電話借りてもいいですか。
でん わ　か

借かりる 빌리다

270

경찰서가 어디죠?

警察署はどこですか。
けいさつしょ

사람 살려!
사고 나거나 아플 때

STEP 2 >> 3번 쓰기	STEP 3 >> 말하기

✎ 財布をなくしました。

✎ 韓国語ができる人いますか。

✎ 誰かいませんか。

✎ ちょっと電話借りてもいいですか。

✎ 警察署はどこですか。

STEP 1 >> 일단 듣기

271

구급차 좀 불러 주세요.

救急車を呼んでください。

きゅうきゅうしゃ　　よ

呼ょぶ 부르다

272

차에 치였어요.

車にひかれました。

くるま

〜にひかれる ~에 부딪치다

273

사고를 당했어요.

事故にあいました。

じ　こ

事故じこにあう 사고를 당하다

274

감기에 걸렸어요.

風邪をひきました。

か　ぜ

風邪かぜをひく 감기에 걸리다

275

여기가 아파요.

ここが痛いです。

いた

痛いたい 아프다

사람 살려!
사고 나거나 아플 때

STEP 2 ≫ 3번 쓰기	STEP 3 ≫ 말하기

✎ 救急車を呼んでください。

👄 ✓○○

✎ 車にひかれました。

👄 ○○○

✎ 事故にあいました。

👄 ○○○

✎ 風邪をひきました。

👄 ○○○

✎ ここが痛いです。

👄 ○○○

145

276

온몸이 쑤셔요.

全身が痛むんです。
ぜんしん　　　いた

痛いたむ 아프다, 통증이 있다

277

열이나요.

熱があります。
ねつ

278

병원에 가 주세요.

病院に行ってください。
びょういん　　　い

279

약을 좀 주세요.

薬をお願いします。
くすり　　　ねが

280

몸조심하세요.

お大事に。
　　　だい　じ

STEP 2 » 3번 쓰기	STEP 3 » 말하기

✎ 全身が痛むんです。

✎ 熱があります。

✎ 病院に行ってください。

✎ 薬をお願いします。

✎ お大事に。

147

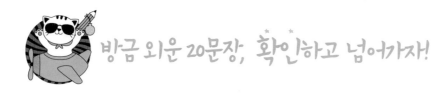
이 말, 일본어로는 뭐라고 할까요? 다시 한번 쓰면서 말해 보세요.

한국말 할 줄 아는 사람 있어요?	지갑을 잃어버렸어요.
사람 살려!	불이야!
구급차 좀 불러 주세요.	누구 없어요?
감기에 걸렸어요.	여기가 아파요.
전화 좀 쓸 수 있어요?	열이 나요.
비상사태예요!	온몸이 쑤셔요.
약을 좀 주세요.	위험해!
경찰서가 어디죠?	차에 치였어요.
도둑이야!	몸조심하세요.
사고를 당했어요.	병원에 가 주세요.

어쩌면 좋아
도움 요청하기

일단 듣기
🎧 **MP3 281-300**

회화 연습
🎧 **MP3 281-300**

일단 듣기 ➞ 쓰면서 자동암기 ➞ 회화연습

일단 듣기

어쩌면 좋아
도움 요청하기

STEP 1 >> 일단 듣기

281
⦿○○

좀 도와주세요.

ちょっと手伝ってください。
てつだ

282
○○○

부탁 좀 해도 될까요?

お願いできますか。
ねが

283
○○○

옆에 있어 주세요.

そばにいてください。

そば 옆

284
○○○

확인 좀 부탁해요.

確認お願いします。
かくにん　　　ねが

285
○○○

가방 좀 봐 주실래요?

かばんを見ていてくれませんか。
み

かばん 가방 | 見みている 보고 있다

MP3 281-300

회화 연습

일단 듣고
3번 쓰고
말해봐

STEP 2 » 3번 쓰기　　　　　　　STEP 3 » 말하기

✎ ちょっと手伝（てつだ）ってください。

✎ お願（ねが）いできますか。

✎ そばにいてください。

✎ 確認（かくにん）お願（ねが）いします。

✎ かばんを見（み）ていてくれませんか。

151

286

문제가 있어요.

問題があります。
もんだい

287

분실물 센터가 어디예요?

落とし物センターはどこですか。
お　　　　　もの

落おとし物もの 분실물 | センター 센터

288

여기에서 지갑 못 보셨어요?

ここで財布見ませんでしたか。
さい ふ み

289

지갑을 도둑맞았어요.

財布を盗まれました。
さい ふ　　　ぬす

盗ぬすまれる 도둑맞다, 훔쳐가다

290

짐을 찾을 수가 없어요.

荷物が見つかりません。
に もつ　　み

見みつかる 발견되다, 찾다

어쩌면 좋아
도움 요청하기

✎ 問題があります。

✎ 落とし物センターはどこですか。

✎ ここで財布見ませんでしたか。

✎ 財布を盗まれました。

✎ 荷物が見つかりません。

291

자리에 가방이 없어요.

席にかばんがありません。
せき

292

한국대사관이 어디죠?

韓国大使館はどこですか。
かんこくたい　し　かん

293

무서워요.

こわいです。

294

걱정이에요.

心配です。
しんぱい

295

큰일이에요.

大変です。
たいへん

STEP 2 ≫ 3번 쓰기	STEP 3 ≫ 말하기

✎ 席にかばんがありません。

✎ 韓国大使館はどこですか。

✎ こわいです。

✎ 心配です。

✎ 大変です。

296

걱정하지 마세요.

心配しないでください。
しんぱい

297

항공권을 잃어버렸어요.

航空券をなくしました。
こうくうけん

298

휴대폰을 잃어버렸어요.

ケイタイを落としました。
お

ケイタイ 핸드폰 | 落とす 떨어뜨리다, 잃어버리다
お

299

카드를 분실했어요.

カードをなくしました。

300

카드를 정지시켜 주세요.

カードをキャンセルしてほしいです。

キャンセル 캔슬

어쩌면 좋아
도움 요청하기

| STEP 2 ≫ 3번 쓰기 | STEP 3 ≫ 말하기 |

✎ しんぱい
心配しないでください。

✎ こうくうけん
航空券をなくしました。

✎ ケイタイを落（お）としました。

✎ カードをなくしました。

✎ カードをキャンセルしてほしいです。

157

방금 외운 20문장, 확인하고 넘어가자!

이 말, 일본어로는 뭐라고 할까요? 다시 한번 쓰면서 말해 보세요.

짐을 찾을 수가 없어요. ✎	부탁 좀 해도 될까요? ✎
분실물 센터가 어디예요? ✎	확인 좀 부탁해요. ✎
좀 도와주세요. ✎	무서워요. ✎
가방 좀 봐 주실래요? ✎	지갑을 도둑맞았어요. ✎
한국대사관이 어디죠? ✎	자리에 가방이 없어요. ✎
걱정이에요. ✎	걱정하지 마세요. ✎
옆에 있어 주세요. ✎	문제가 있어요. ✎
항공권을 잃어버렸어요. ✎	큰일이에요. ✎
여기에서 지갑 못 보셨어요? ✎	카드를 분실했어요. ✎
카드를 정지시켜 주세요. ✎	휴대폰을 잃어버렸어요. ✎